To the Reader . . .

The books in this series include Hispanics from the United States, Spain, and Latin America, as well as from other countries. Just as your parents and teachers play an important role in your life today, the people in these books have been important in shaping the world in which you live today. Many of these Hispanics lived long ago and far away. They discovered new lands, built settlements, fought for freedom, made laws, wrote books, and produced great works of art. All of these contributions were a part of the development of the United States and its rich and varied cultural heritage.

These Hispanics had one thing in common. They had goals, and they did whatever was necessary to achieve those goals, often against great odds. What we see in these people are dedicated, energetic men and women who had the ability to change the world to make it a better place. They can be your role models. Enjoy these books and learn from their examples.

Frank de Varona
General Consulting Editor

General Consulting Editor
Frank de Varona
Associate Superintendent
Bureau of Education
Dade County, Florida, Public Schools

Consultant and Translator
Alma Flor Ada
Professor of Education
University of San Francisco

Editorial
Barbara J. Behm, Project Editor
Judith Smart, Editor-in-Chief

Art/Production
Suzanne Beck, Art Director
Carole Kramer, Designer
Eileen Rickey, Typesetter
Andrew Rupniewski, Production Manager

Copyright © 1993 Steck-Vaughn Company

Library of Congress number: 89-38767

Library of Congress Cataloging in Publication Data

Thompson, Kathleen
   Sor Juana Inés de la Cruz.
   (Raintree Hispanic stories)
   English and Spanish.
   Summary: Examines the life of the seventeenth-century Mexican poet who won a place at the court of the viceroy of New Spain and later became a nun.
   1. Juana Inés de la Cruz, Sor, 1651?–1695—Biography—Juvenile literature. 2. Authors, Mexican—17th century—Biography—Juvenile literature. 3. Nuns—Mexico—Biography—Juvenile literature. [1. Juana Inés de la Cruz, Sor, 1651?–1695. 2. Authors, Mexican. 3. Spanish language materials—Bilingual.] I. Title. II. Series.
   PQ7296.J6Z9   1989   861   [B]   [92]   89-38767

ISBN 0-8114-8469-6 hardcover library binding

ISBN 0-8114-8452-1 softcover binding

   4 5 6 7 8 9 0   96 95 94 93 92

SOR JUANA INÉS DE LA CRUZ

Kathleen Thompson
Illustrated by Rick Karpinski

RSVP
RAINTREE
STECK-VAUGHN
PUBLISHERS
The Steck-Vaughn Company

Austin, Texas

In the foothills of the volcano Popocatépetl in Mexico, there is a village called San Miguel Nepantla. In that village in 1648, or perhaps 1651, a little girl was born. She was poor and she never knew her father, but one day she would be the greatest poet in Mexico.

Al pie del volcán Popocatépetl en México, hay un pueblecito llamado San Miguel Nepantla. En ese lugar en 1648, o quizá en 1651, nació una niñita. Era pobre y nunca conoció a su padre, pero un día llegaría a ser la más grande de los poetas de México.

Juana Inés Ramírez de Asbaje grew up in her grandfather's house with her mother and two sisters. Her grandfather was a gentle man who loved books and learning. From the beginning of her life, little Juana Inés felt the same way. When she was only three years old, she begged and pleaded to get one of her older sister's teachers to give her lessons. From somewhere, she heard that eating cheese made people slow to learn. This isn't true, of course. But even though Juana Inés loved cheese, she gave it up.

Juana Inés Ramírez de Asbaje se crió en la casa de su abuelo con su madre y dos hermanas. Su abuelo era un hombre bondadoso que amaba los libros y el saber. Desde el inicio de su vida, la pequeña Juana Inés compartió este interés por los libros y por aprender. Cuando tenía sólo tres años, rogó y suplicó para que una de las maestras de su hermana mayor le diera clases. Había oído decir que la gente que come queso se vuelve lenta en el aprendizaje. Esto, por supuesto, no es cierto. Pero aunque a ella le encantaba el queso, Juana Inés dejó de comerlo.

By the time Juana Inés was six or seven, she could read and write well, but she wanted to learn more. She asked her mother to let her dress up as a boy so that she could go to the university, where girls were not allowed.

As you can imagine, her mother said, "No." So Juana Inés spent her time in her grandfather's library, reading all his books. Once, she set herself to the task of learning grammar. When she didn't learn it fast enough, she cut off a lot of her hair. When she was still too slow—in her own opinion—she cut her hair even shorter. She felt that a head should not be "adorned with hair and naked of learning."

Cuando Juana Inés tenía seis o siete años, ya sabía leer y escribir bien, pero quería aprender más. Le pidió a su madre que la dejara vestirse de hombre para poder ir a la universidad, en donde no se permitían entrar las mujeres.

Como es de imaginarse, su madre le dijo que no. Así que Juana Inés se pasaba todo el tiempo en la biblioteca de su abuelo, leyendo todos sus libros. Una vez, se puso a aprender gramática. Como no la aprendía con suficiente rapidez, se cortó el pelo. Y como, en su opinión, seguía demorándose mucho para aprender, se lo cortó todavía más. Sentía que no debía estar "vestida de cabellos cabeza que andaba tan desnuda de noticias".

When Juana Inés was about nine years old, her grandfather died. Not long after, Juana Inés went to live with her aunt and uncle in Mexico City. It was very different from San Miguel. Her uncle, Juan de Mata, was very rich. He and his wife, Doña María, were friends of the viceroy, the governor of Mexico, or New Spain, as it was then called. There were many luxuries in the Mata house.

However, the most important difference for Juana Inés was that, in Mexico City, she had a chance to learn more than she ever could just from her grandfather's library.

Cuando Juana Inés tenía unos nueve años, murió su abuelo. Poco tiempo después, Juana Inés fue a vivir a la ciudad de México con sus tíos. Era un lugar muy diferente a San Miguel. Su tío, Juan de Mata, era muy rico. Él y su esposa, doña María, eran amigos del virrey que gobernaba México o Nueva España, como se le llamaba entonces. En el hogar de los Mata se vivía con cierto lujo.

Pero la diferencia mayor para Juana Inés era que, en la ciudad de México, tendría la oportunidad de aprender mucho más de lo que hubiera podido aprender sólo con la biblioteca de su abuelo.

Juana Inés stayed with her aunt and uncle until she was fifteen. Then, they took her to the viceroy's court. A new viceroy and his wife, the vicereine, had just arrived from Spain. When the vicereine, Leonor Carreto, met Juana Inés, she immediately liked the bright, pretty teenager. She asked Juana Inés to live in the palace and be one of her personal attendants.

Juana Inés and Leonor, who was exactly twice Juana Inés's age, became good friends. They talked together constantly about art and ideas and music. When Juana Inés started writing poetry, Leonor gave her advice and encouragement.

Juana Inés vivió con sus tíos hasta que tenía quince años. Ellos la llevaron a la corte del virrey. Un nuevo virrey y su esposa, la virreina, acababan de llegar de España. A la virreina, Leonor Carreto, le encantó la bonita e inteligente jovencita, en cuanto la conoció. Y le pidió a Juana Inés que viviera en el palacio y fuera una de sus damas personales.

Juana Inés y Leonor, que tenía exactamente el doble de su edad, se hicieron buenas amigas. Conversaban todo el tiempo sobre arte, nuevas ideas y música. Cuando Juana Inés empezó a escribir poesía, Leonor le dio consejos y apoyo.

Life at the viceregal court was very lively. There were dances and plays and concerts. There was also a lot of romance. Although Juana Inés was beautiful and intelligent, there was no chance that she would marry one of the young men who gathered around her. She was too poor.

In those days, no young man in court society would ever marry a young woman unless she had a dowry. When a marriage took place, the bride was expected to bring a large sum of money with her to the marriage. Without a dowry, there would be no marriage. Juana Inés had no dowry.

One day, Juana Inés would have to decide what she was going to do in a world where there were no careers for women and where marriage to an educated man who could share her interests was not possible for her.

La vida en la corte virreinal era muy animada. Había bailes y obras de teatro y conciertos. También había muchos enamoramientos. Pero, aunque Juana Inés era hermosa e inteligente, no había expectativas de que se casara con ninguno de los jóvenes que la rodeaban. Era demasiado pobre.

En aquella época, ningún joven de la corte se hubiera casado con una muchacha a menos que tuviera una dote. Al realizarse un matrimonio, se esperaba que la novia aportara una suma sustancial de dinero. Sin esa dote, no habría matrimonio. Juana Inés no tenía dote.

Algún día Juana Inés tendría que decidir qué iba a hacer en un mundo en que no había carreras para las mujeres y en que casarse con un hombre educado, dispuesto a compartir sus intereses, no era una opción posible.

Soon, Juana Inés's remarkable mind became so famous that the viceroy set up a little test for her. He called to the palace forty of the most learned men in the city. They were scientists and mathematicians, poets and philosophers—men from every branch of learning. They were invited to question seventeen-year-old Juana Inés.

The questions flew thick and fast. Juana Inés answered, argued, and answered some more. No one could stump her. The forty scholars left, stunned by the knowledge and intelligence of the remarkable young woman.

Muy pronto, la inteligencia de Juana Inés se hizo tan famosa que el virrey concibió un examen para probarla. Hizo venir al palacio a cuarenta de los hombres más instruidos de la ciudad. Eran científicos y matemáticos, poetas y filósofos, hombres de todas las ramas del saber. Y los invitó a examinar a Juana Inés que tenía diecisiete años.

Las preguntas se sucedieron con toda rapidez. Juana Inés contestó, argumentó y siguió contestando. Nadie podía vencerla. Los cuarenta estudiosos se marcharon, desconcertados por el conocimiento y la inteligencia de la notable joven.

A little more than a year later, Juana Inés became a nun. She entered the convent of San Jerónimo. Her name was now Sor Juana Inés de la Cruz: Sister Juana Inés of the Cross.

In those days, being a nun was not the same as it is today. For one thing, to become a nun, a woman had to pay the convent a dowry, just as if she were getting married. The dowry for Juana Inés was paid by a rich man who supported many young men and women who became priests and nuns. Also, the convent was made up of "cells" that were sold or rented to the nuns. The cell that was bought for Juana Inés had a bedroom, living room, kitchen, and bathroom. Over the years, she collected a huge number of books, works of art, and musical and scientific instruments.

A penas un año más tarde, Juana Inés se hizo monja. Entró al convento de San Jerónimo. Su nombre pasó a ser Sor Juana Inés de la Cruz.

En aquella época ser monja no era lo mismo que es hoy. En primer lugar, para hacerse monja era necesario pagar una dote al convento, igual que para casarse. La dote de Juana Inés la pagó un hombre rico que ayudaba a que hombres y mujeres jóvenes se hicieran sacerdotes y monjas. Además, el convento consistía en "celdas" que se vendían o alquilaban a las monjas. La celda que compraron para Juana Inés tenía un dormitorio, una sala, una cocina y un baño. A través de los años, ella logró coleccionar una enorme cantidad de libros, obras de arte e instrumentos musicales y científicos.

Sor Juana's day began at six o'clock in the morning with prayers and then Mass, the Catholic church service. At eight, she had breakfast in her cell. At nine, there were more prayers. Later in the morning, all the nuns spent some time sewing, either alone or in small groups. At noon, there were prayers before lunch. At three, there were prayers followed by a rest period, or siesta. At sunset, the nuns had a snack of fresh or preserved fruit. At seven, there were prayers and then dinner. Then there was recreation until prayers before bed. Most of Sor Juana's time was spent studying or writing.

Para Sor Juana el día comenzaba a las seis de la mañana con oraciones y misa. A las ocho, desayunaba en su celda. A las nueve había nuevas oraciones. Las monjas pasaban parte del resto de la mañana cosiendo, solas o en grupo. Al mediodía había oraciones, antes del almuerzo. A las tres, había oraciones seguidas de un tiempo de descanso o siesta. Al anochecer, las monjas comían una merienda de frutas frescas o en conserva. A las siete había oraciones antes de la comida. Luego había recreo hasta la hora de las oraciones antes de ir a dormir. Sor Juana se pasaba la mayor parte del tiempo estudiando o escribiendo.

The nuns in the convent of San Jerónimo were not allowed to go outside its walls. However, many people from the palace of the viceroy and from other rich households came to visit the nuns. The nuns entertained them with music or with good conversation.

Because of her learning and her personality, Sor Juana had many visitors, including scientists and writers. She talked to them with great cleverness about life and literature. She made up poems on the spot in different languages. She played word games and participated in the court gossip.

A las monjas de San Jerónimo no se les permitía salir del convento. Sin embargo, muchas personas del palacio del virrey y de otras casas ricas venían a visitar a las monjas. Las monjas las atendían con música y conversación agradable.

A causa de su sabiduría y de su personalidad, Sor Juana tenía muchos visitantes que incluían científicos y escritores. Conversaba con ellos con gran inteligencia sobre la vida y sobre literatura. Improvisaba poemas en varios idiomas. Hacía juegos de palabras y participaba en los chismes de la corte.

Sor Juana often wrote poems to celebrate special occasions at court. In return, she was given expensive presents, and the convent was given special favors. Therefore, the convent encouraged her to write for the court.

Sor Juana wrote two long plays—one of them a comedy. She also wrote many short comedies, dramas, and religious plays. Everything she wrote was excellent.

Although she spent most of her life in the convent, Sor Juana wrote with beauty and understanding about the joy and suffering of love. She created a poetic world and a poetic language all her own. She became one of the greatest poets ever to write in Spanish.

A menudo Sor Juana componía poemas para conmemorar los sucesos especiales de la corte. A cambio, recibía regalos costosos, y se le hacían favores especiales al convento. Por eso, el convento la animaba a escribir para la corte.

Sor Juana escribió dos obras de teatro extensas. Una de ellas era una comedia. También escribió muchas obras teatrales breves: comedias, dramas y obras religiosas. Todo lo que escribía era excelente.

Aunque se pasó la mayor parte de la vida en el convento, Sor Juana escribió hermosamente sobre la alegría y el dolor del amor que demostraba comprender muy bien. Creó un mundo poético único y un lenguaje poético propio. Y llegó a ser uno de los mejores poetas de la lengua española.

For many years, Sor Juana's life continued the same way. However, there were men in the church who did not approve of the brilliant nun. They did not think she should be allowed to write about anything but religion. However, Sor Juana's friends in the viceroy's court always protected her.

Then, two leaders of the church started a feud, and Sor Juana was caught in the middle. The bishop of Puebla asked Sor Juana to write a letter criticizing a sermon that had been written forty years before by a priest named Father Antonio Vieyra. The bishop knew that the criticism would make the archbishop angry because he was a great admirer of Father Vieyra.

Sor Juana wrote the letter, and the bishop had it published. The bishop wrote an introduction to the letter. However, he signed it with the name of a nun, Sor Filotea, so that the archbishop would not know that he had written it. In the introduction, he said that Sor Juana should spend more of her time writing about "holy matters" because she did it so well.

Por muchos años, la vida de Sor Juana continuó de la misma manera. Sin embargo, había hombres en la iglesia que no estaban de acuerdo con esta monja brillante. No creían que se le debía dejar escribir sobre nada que no fuera la religión. Pero los amigos que Sor Juana tenía en la corte del virrey la protegían.

Entonces, dos líderes de la iglesia empezaron una disputa y Sor Juana terminó cogida en el medio. El obispo de Puebla le pidió a Sor Juana que escribiera una carta que criticaba un sermón que había sido escrito cuarenta años antes por un sacerdote, el Padre Antonio Vieyra. El obispo sabía que la crítica iba a enfadar al arzobispo, porque el arzobispo era un gran admirador del Padre Vieyra.

Sor Juana escribió la carta y el obispo la hizo publicar. El obispo escribió la introducción a la carta, pero la firmó con el nombre de una monja, Sor Filotea, para que el arzobispo no supiera que la había escrito él. En la introducción, sugería que Sor Juana debía pasar más tiempo escribiendo sobre "asuntos religiosos" porque lo hacía tan bien.

Sor Juana's criticism of Vieyra's sermon did indeed make the archbishop angry. He became even angrier when Sor Juana wrote a long answer to "Sor Filotea" explaining why she wrote what she did.

Sor Juana defended her interest in learning by saying that all knowledge leads to God. She also defended the rights of women to study, write, and participate in the world of ideas.

This made the archbishop furious. As it happened, the archbishop had a terrible fear of women. He said that if a woman even entered his house, he would have the bricks she stepped on removed. He thanked God that he was nearsighted so that he wouldn't have to see women.

Even so, Sor Juana might have won her fight, but fate stepped in.

La crítica de Sor Juana al sermón de Vieyra efectivamente hizo enojar al arzobispo. Y se enojó aún más cuando Sor Juana escribió una larga respuesta a "Sor Filotea" explicándole por qué escribía lo que escribía.

Sor Juana defendía su interés en el estudio diciendo que todo conocimiento lleva a Dios. También defendía el derecho de las mujeres a estudiar, a escribir y a participar en el mundo de las ideas.

Esto enfureció al arzobispo, que tenía gran temor a las mujeres. Decía que si una mujer entraba a su casa, él quitaría los ladrillos que hubiera pisado. Le daba gracias a Dios por ser tan miope que no tenía que ver a las mujeres.

Incluso así, Sor Juana hubiera podido ganar el debate, pero intervino el destino.

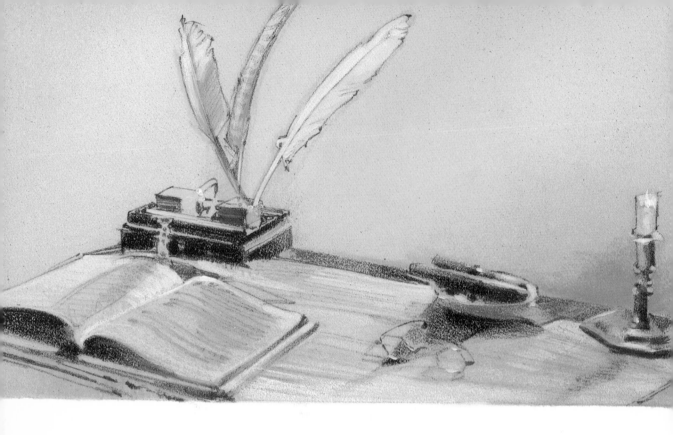

About this time, there was a famine. The people began to riot because there was not enough food. During this famine, the archbishop proved to be more effective than the viceroy. The people obeyed him instead of the viceroy, and they made it through the famine. The archbishop's power increased.

One of the first ways the archbishop used his new power was to put pressure on Sor Juana to stop her writing. The viceroy and his court could no longer defend her.

After a long struggle, Sor Juana had to give in. One of the most brilliant thinkers in the Americas allowed her great library of books to be sold. One of the greatest influences on the culture of her time retired from society and spoke no longer with her fellow writers and artists. The greatest poet Mexico had ever known put away her pen.

Shortly afterward, an epidemic struck the convent, and Sor Juana died while caring for her fellow nuns.

Por este tiempo hubo una gran hambruna. La gente empezó a rebelarse porque no había suficiente comida. Durante este período de hambre, el arzobispo demostró ser más eficaz que el virrey. La gente le obedeció a él, en lugar de obedecer al virrey, y lograron superar la hambruna. El poder del arzobispo aumentó.

Una de las primeras medidas en que el arzobispo empleó su nuevo poder fue en presionar para que Sor Juana dejara de escribir. El virrey y la corte ya no podían defenderla.

Después de una larga batalla, Sor Juana tuvo que ceder. Una de las pensadoras más brillantes de las Américas permitió que vendieran su gran colección de libros. Una de las personas con mayor influencia en la cultura de su época se retiró de la sociedad y no volvió a hablar con otros escritores y artistas. El mejor poeta que México haya tenido abandonó su pluma.

Poco después una epidemia azotó el convento y Sor Juana murió mientras cuidaba a otras monjas.

GLOSSARY

bishop A clergyman ranking above a priest. An archbishop is a high-ranking bishop.

convent A religious residence of nuns.

dowry The money or property that a woman brings to a marriage. The money or property that a woman brought to a convent in order to become a nun.

epidemic An outbreak of disease.

famine A great shortage of food.

philosopher A person who seeks wisdom.

siesta A nap or rest period in the afternoon.

viceroy The governor of a country or province who rules as a representative of a ruler such as a king.

GLOSARIO

convento Lugar habitado por monjas.

dote Dinero o propiedades que una mujer aporta al matrimonio. Dinero o propiedades que una mujer aportaba a un convento para ser recibida como monja.

epidemia Enfermedad que afecta a gran número de personas.

filósofo Persona que busca sabiduría.

hambruna Gran carencia de alimentos.

obispo Sacerdote que tiene a su cargo a otros. Un arzobispo es un obispo de alto rango.

siesta Período de descanso o sueño en la tarde.

virrey Gobernador de un país o provincia que gobierna como representante de otro, por ejemplo de un rey.